Lf 77/34

SEVL ET VNIQVE MOYEN PROPOSÉ ET PRESENTÉ AV ROY,

pour conseruer les richesses de ses subjects, & banir à jamais de ses Royaumes, Principautez, & Seigneuries, les faux Monoyeurs, Rongneurs, & Billonneurs.

Par Maistre NICOLAS DE COQVEREL Parisien, Conseiller du Roy, & general en sa Cour des Monnoyes.

Les leures iustes plaisent aux Roys, & ayment celuy qui parle choses droictes ? Pro. 16. ver. 13.

A PARIS,
Chez FRANÇOIS IACQVIN, Imprimeur, demeurant ruë des Maçons.

M. DC. XIIII.
Auec Priuilege du Roy.

AV ROY.

SIRE,

Il y a six ans passez que vostre peuple espere quelque reglement pour veoir cesser la rapine de ses biens par le surhaussement des especes d'or, en la liberté d'exposer les monnoyes estrangeres, ainsi que si elles estoient d'or & d'argent, & tous ce plaignent qu'en vos Royaumes ne se voit monnoye d'or grauée de l'effigie de vostre Maiesté, & peu d'argent: mais trop de cuiure, contre l'ancien vsage des Empereurs & Roys vos predecesseurs.

En l'an mil six cens neuf, ce traictant de l'ordre à tenir pour reformer ce desordre commencé du regne de Henry le Grand, d'heureuse memoire, vostre tres-honoré pere, & desirant y pouruoir, auroit mandé vostre Maiesté pour assister à telle deliberation en son Conseil, pourquoy ie puis dire auec Homere, & plusieurs autres apres luy, que les Roys sont les Images de Dieu & fami-

A ij

tiers conducteurs des peuples qu'il a créez, & que lors il prophetisa, disant : vostre Majesté arriuée en son Conseil, que ce qui s'y traictoit estoit pour vostre bien & profit, comme s'il eust dit, ie vous lairray ce reglement à faire, il est donc temps, SIRE, pour la conseruation de vos finances & bien de vos subiects, qu'il vous plaise pourueoir à ces desordres par quelque bon, certain, parfaict, asseuré & inuiolable reglement, qui arreste la perte que vostre France reçoit.

Pour à quoy paruenir, il semble n'estre plus temps de temporiser : mais vser du Conseil de l'vn de vos predecesseurs, & de pareil nom que vostre Maiesté. Le Roy Sainct Louys pour restablir la charité, chasser l'vsure, n'y ayant moyen d'vser d'aucun prest mutuel entre vos subiects, sinon que le prest soit vsuraire, & qui en six cens deux a emprunté cent escus sol, dont il auroit faict promesse de trois cens vingt cinq liures, est quitte en six cens quatorze, rendant quatre vingts vn escu vingts sols, & ainsi a moins qu'il n'a presté de dixhuict escus trois quarts, ou deux onces vn denier cinq grains d'or.

Or ce bon Roy apres son retour du voyage d'outremer, ayant trouué toutes choses corrompuës en ces estats, & desirant y remedier estant conseillé, par prudence humaine plus que diuine, de n'establir loix qui fissent grand changement: mais qu'il temporisast, & peu à peu restabliroit ce qui estoit corrompu, iugeant cest aduis pernicieux, proposa le propre du vice estre d'aller de pis en pis, & que s'il n'y estoit promptement pourueu, ses peuples seroient entierement perdus, ainsi le differer d'auoir reglé les monnoyes en six cens & neuf, que la pistolle s'exposoit (contre toute raison, pour sept liures) a donné subiect à l'abus & surhaussement tel qu'il se voit à present, & n'y a point de doute que s'il n'y est mis ordre elle s'exposera au pair de l'Escu au Soleil.

Et toute espece de monnoye d'or accroistra de prix & valeur, tant & si longuement que les monnoyes d'or, argent, billon, & cuiure estranger, & les especes du Royaume legeres & rongnées auront cours: ainsi que tous les ordres de vos peuples & vostre Cour des Monnoyes par annuelles remonstrances l'ont fidellement & humblement representé à vostre Conseil, & nous recentement à vostre Majesté par ce peu de lignes du seul & vnique moyen à tenir pour chasser de vos Royaumes les billonneurs, faux monnoyeurs & rongneurs, par augmentation de ses droicts domaniaux & d'vn grād reuenu annuel, sans foule de vostre peuple, ny charge à voz finances, & vn moyen certain pour faire cognoistre vostre Maiesté en ces monnoyes à tous ses subiects les plus esloignez de vostre seiour & demeure, mesmes à toutes sortes de nations estrangeres.

Et d'autant que les Roys & Princes croyent mieux à ce qui leur est representé à la veuë, qu'à ce qu'ils entendent de leurs oreilles, nous auons faict crayonner plusieurs modelles de monnoye d'or & d'argent, iusques à la piece de quinze deniers tournois, & de cuiure fin, deniers doubles, & liards, sur lesquels vostre Maiesté, s'il luy plaist, fera election pour representées en leurs formes & matieres, apres vostre commandement iuger de la bonté & de l'impossibilité de les falsifier, rongner & sur-hausser vne espece par l'autre, pour leurs iuste taille, & tiltre, dont elles seront composées & esgallement proportionnees, que ie supplie vostre Maiesté auoir autant aggreable, comme de cœur & d'affection, ie prie Dieu

SIRE,

Benir à iamais vostre Maiesté, de ses sainctes graces, & la preseruer de tous dangers.

Vostre tres-humble tres-fidelle & à iamais obeïssant subject,
NICOLAS DE COQVEREL.

AV LECTEVR.

AMIABLE, lecteur ie n'ay point doubté que quelque enuieux peu entendu au fait des monnoyes ne me blasme *ne voyant les crayons ou modelles des especes des monnoyes d'or, argent & cuiure mentionnez en cest opuscule* & d'auoir retenu à escrire entierement l'ordre a tenir en l'execution de la reformation necessaire à faire pour le bien du Royaume au present desordre des monnoyes. Mais celuy qui considerera *que cest au Roy à disposer de la forme qu'il luy plaira donner à ses metaux precieux & à faire eslection des personnes* qu'il aura pour agreable y establir ou commettre pour estre employez en l'execution de sa volonté sera plus retenu nom que ie ne recognoisse *estre chose vitieuse de ce fier à tout le monde ou ne se fier à personne*, neantmoins i'ay eu subiect d'ainsi en vser voyant tant de personnes s'entremettre à donner des aduis sur le fait des monnoyes *qui l'entendent assez mal*, bien qu'ils se soient ingerez de censurer & arguer d'ignorance *deux personnages des plus entendus en toutes sortes de sciences de leur siecle*, ainsi que les Roys Henry troisiesme & quatriesme en ont en plusieurs temps & lieux rendu bon & asseuré tesmoignage, & qu'il appert par leurs œuures qu'ils ont laissé à la posterité tāt sur ce subiect qu'autrement, & d'autres auoir esté si hardis de ietter *leur faux au champ d'autruy*, & asseuré que d'augmēter le prix du marc d'or d'vn sixiesme (*augmentation prodigieuse sans raison, sans exemple, & qui n'a iamais esté pratiquée non pas en temps de guerre*) diminuer le fin des monnoyes d'or en y meslant vn douzieme de cuiure, & tailler le marc en plus grand nombre de pieces, & rendre la piece plus foible de poids que les anciennes, *est reuenir à la forte monnoye*, ainsi que plus particulierement nous le representerons *en l'examen de plusieurs aduis publiez depuis mil six cens neuf sur le fait des monnoyes* que nous differons mettre sur la presse iusques à ce que sa Maiesté aye pourueu aux desordonnez desordres des monnoyes pour asseurer ses finances & tous les biens de ses subiects que les billonneurs regnicolles & estrangers rapinent pendant ceste confusion sur tous les ordres du peuple, mesme sur les finances de sa Maiesté au desaduantage du Roy & de tout le Royaume.

SEVL ET VNIQVE

moyen proposé & presenté au Roy, pour conseruer les richesses de ses subiects, & bannir à iamais de ses Royaumes, principautez & Seigneuries, les faux monnoyeurs, rongneurs & billonneurs.

LA perte que la France reçoit par le continuel surhaussement des monnoyes d'or & de nouueau, d'espece d'argent prouenant de l'auarice du malicieux billonneur, & trop grande liberté d'exposer les monnoyes estrageres d'or, argent, billon, & cuiure les vnes pour vn quart, les autres pour vn tiers plus que leur valeur, & celles de France legeres & rongnez, faict esperer quelque reformation & reglement en ces desordonnez desordres des monnoyes, pour chasser la pauureté que les estrangers à l'enuy les vns des autres apportent dans le Royaume, en leurs monnoyes deffectueuses foibles & alterez, fabricquez des

B

bonnes monnoyes de France.

Estant impossible perpetuer la memoire du Roy en ces monnoyes ny à ses fermiers trauailler, ou les especes estrangeres & celles du Royaume legeres & rongnez ont cours, & moins asseurer le prix des biens ou richesses, en general & particulier, des François, ayant les Princes desquels les monnoyes furent admises en l'an mil six cens deux, *changé par cinq & six fois depuis, de tiltre, forme & taille, assauoir les Roys d'Angleterre, les Ducs de Flandres, de Lorraine, de Sauoye, les Estats de Flandres, Legats d'Auignon & Carpentras* & recentement sont ouuertes plusieurs monnoyes, & introduittes plusieurs especes de Frize, Sedã, Raucourt, du Liege, Charleuille, des Euesques de Metz, les monnoyes desquels Seigneurs n'auoiẽt iamais eu cours dans ce Royaume, & de nouueau ce sont introduittes especes d'or & d'argent, du Comte Pallatin, Augu. Spin. de billon non d'argent, *du poix & volume de huict Realles qui a cours pour* quarante six sols, bien qu'elle n'aye de bonté que vingt six, de laquelle la non-valleur recogneuë, a aussi tost introduit autre monnoye d'argent du poids & volume de la piece *de dix sols huict deniers*, mais moinde *en loy de ij. deniers xij. grains*, & de nouueau faict fabriquer Ducats d'or approchant de la forme des Ducats de l'Empire, Poulongne, & Hongrie *plus foibles en leurs poids de deux grains en la piece de loy à dixhuict carats* qui est vne desmesuree & extraordinaire, alteration ayant ces especes trois reuers differends pour plus facilement tromper & deceuoir les François.

Affoiblissement non iamais practiqué en ce precieux metail, sinon pour deceuoir les peuples des prouinces desreiglées, neantmoins aussi tost suyuie & imitée aux terres du Liege, en l'vne & l'autre principauté; où se frappent Ducats, Escus & Florins d'or, approchant telle alteration & monnoye d'argent de *loy à huict deniers neuf grains & demy*, qui est vn quart de cuiure pour marc d'or, & pres d'vn tiers de cuiure pour marc d'argent, outre l'*affoiblissement de leur taille*.

Et semble estre vn songe, de croire ou pencer que des Seigneurs & Princes souuerains (*garens par le droict des gens*) à leurs peuples & subiects *mesmes aux estrangers* de la monnoye qu'ils font fabriquer, ayent tous en ce siecle, à l'enuy les vns des autres altere leurs monnoyes.

Et bien que le Duc de Sauoye soit en

B ij

possession de changer souuent de tiltre forme, & taille en ces monnoyes d'argent & billon, à la foulle de ses finances, ruyne & perte de ces subiects & qu'il aye introduit en l'annee mil six cens treize, pieces de dix sols à sept deniers neuf grains, de pareil volume & poids que la piece de dix sols huict deniers de France, *qui est à dix deniers de loy*, neantmoins il n'est point encore apparu qu'il aye alteré ces monnoyes d'or.

Et est a presuposer que telle alteration de monnoye d'or & d'argent, fabriquee en l'vne & en l'autre Seigneurie du Liege, ne vient *du mouuement & ordonnance de tels Seigneurs*, encore qu'ils *en puissent auoir tiré & tirent à present* quelque *leger proffit*, mais non tel que leurs fermiers & officiers, dont ils pourront payer l'vsure (en diminution de l'amitié de leurs subiects, que pour les pertes qu'ils en receuront à cause de leurs grands biens au temps de la reformation.

Mais de la malice de leurs fermiers & Maistres des monnoyes, *vrays faux-monoyeurs, qui leur persuadent & à leurs officiers* (peu entendus au faict des metaux & monoyes) *que pour alloyer l'or & argent qu'ils employent, ils s'aydent d'vne teinture de cuiure du-*

quel la couleur, comme ils l'asseurent à tels Seigneurs, *demeure nonobstant l'effect du feu, en laleage & fonte qui est imposture & fauceté.*

Ou bien leurs officiers ce licentient en telles alterations, comme il s'est peu & peut obseruer en la taille des nouueaux Ducatons fabriquez à Milan, & en plusieurs Realles frappees en Arragon, les Ducatons alterez en la taille *d'vn septiesme pour piece, & les Realles de deux à trois grains de loy au marc*, non pour dôner cours en leurs prouinces à telles monnoyes qu'ils font forger, mais pour estant ouurées & monnoyées aussi tost *les respandre & debiter és grands Royaumes, principautez & Seigneuries* ou les loix reposent, destituées de l'assistance qui leur est deuë, pour les auiuer par le deuoir du magistrat.

Pernicieuse & dommageable lytargie, ou assopissement *des magistrats*, qui seuls auiuent & donnent force au loix muettes, & qui ne sont *que les vrayes & certaines guides de la raison*, pour par le Magistrat maintenir les peuples en vnion, & empescher qu'ils ne soient deceuz trompés ny outragés en leurs personnes & biens.

L'alteration de si precieux metaux qui en leurs pureté mettent le prix certain à

B iij

toutes fortes de biens & alterez, aucun ne sçait certainement ce qu'il a faict de iour en iour, varier le prix de ce qui estoit auparauant certain & asseuré, & apporte l'encherissement de toutes fortes de biens, meubles & immeubles, pourquoy ce en enfuiura grande perte au Royaume, & vn plus grand desordre & surhaussement des especes d'or non alterez qu'il ne se voit, & continuant le cours des monnoyes estrangeres, & la liberté d'expofer les especes du Royaume legeres & rongnees, il est & fera de necessité pour conseruer ce qui reste d'argent blanc (s'il n'y est bien promptement remedié) accroistre son prix, autrement il sera transporté pour estre fondu, & conuerty és monnoyes des Ducs de Sauoye, de Neuers, de Bouillon, de Lorraine, de Flandres, ou Estats du Comte Spinola, des Legats d'Auignon & Carpentras, des Euesques du Liege, & de Metz, & peuuët mesme estre transportées en Angleterre où la mõnoye est plus foible à la piece & au marc d'vn quinziesme.

Tous les Maistres des Monnoyes desquels Seigneurs Roys & Princes, & leurs Officiers, auec les Billonneurs, sont en plain champ de rapiner les biens & richesses de la France, si l'on n'y apporte le remede requis & necessaire.

Le remede dont l'on vsoit anciennement en France estoit qu'aucune monnoye estrangere, & celle du Royaume legeres & rongnées n'y auoient cours, & si aucuns Seigneurs fauorisez des Roys, à cause de quelque petite Principauté qu'ils tenoient pour marque de l'ancienneté de leur maison, ou estoient illustrés de tiltres souuerains, c'estoit *sans pouuoir de frapper monnoyes*, & ceux qui d'ancienneté en auoient iouy, *prenoient le tiltre & la taille de leurs Maiestez, & ordonnoient seulement de la forme, & leurs ouurages estoient controllez par les officiers du Roy*, & telle & semblable forme ce pratique encores és monnoyes qui sont fabriquées à Nauarre & Beard, & où il s'y trouuoit foiblage & alteration, les officiers estoient exemplairement chastiez, le priuilege reuocqué, les ouurages mis à la fonte, les Maistres & Fermiers tenus à la restitution du prix entier des especes par eux alterées, qui leurs estoient representées par les particuliers, apres le iugement de leurs boestes, & la Cour des Monnoyes ne iuge point autrement les ouurages trouuez deffectuez en poids & loy, au prejudice des loix & ordonnances, & au quadruple.

Et où il y a excez plus grand que ce que l'on peut objecter pour la variation du feu, *les Maistres des monnoyes & leurs complices sont exemplairemēt punis & chastiez nō d'vn bannissement*, ainsi qu'en ont vsé l'Euesque & Officiers du Liege, qui ont seulement banny de leurs terres & seigneuries *le Maistre Fermier & autheur de telles alterations & affoiblissement des monnoyes d'or & argent*, qui n'est punition conforme à son delit, ny aux loix imperiales vsitées entre les Princes Chrestiens, & auec plus de seuerité entre les Mescuittes & Egyptiens, lesquels ayant recognu semblables excez en l'alteration de leurs monnoyes, *ont soing de recouurer la plus grande quantité qu'il s'en peut commodement trouuer pour refonduës, faire perdre la vie à tels ministres & introducteurs de telles fausses monnoyes dans la matiere alterée*, & contre les rongneurs n'vsent d'autre punition que de leur *faire coupper les deux mains*, depuis l'vsage duquel chastiment ne s'est trouué dans ces pays aucuns Faux-monnoyeurs ny Rongneurs.

Et ce peut dire que depuis l'Ordonnance mil six cens deux, que les monnoyes estrangeres

estrangeres furent admises dans le Royaume, la France a perdu annuellement vn cinquiesme de tous ces reuenus, & que les François payent aux estrangers, desquels les monnoyes ont cours dans le Royaume : Vne grandissime taille, outre que les Fermiers des Aydes & Collecteurs des Tailles ne reçoiuent du peuple les especes d'or & argent estranger que pour tel prix qu'il leur plaist, pour apres leur redonner cours, & les distribuer en la capitale ville à tel prix qu'ils veulent, ainsi qu'il se pourroit iustifier *au payement des arrerages des rentes des Aydes, receptes generales, decimes & gabelles, bien qu'aux gabelles* ne s'y reçoiue que monnoye de France, & point de douzains ny monnoye de billon, neantmoins ne payët qu'en peu de monnoye du Royaume, & le plus souuent legeres & rongnées.

Et qui exactement exagereroit le priuilege & pouuoir que plusieurs Seigneurs ce *sont attribuez de faire battre & frapper monnoye d'or, d'argent, ou billon,* ce trouueroit qu'ils en iouissent *par vsurpation, non par priuilege ou concession qu'ils en ayent obtenu des Roys de France leurs Superieurs ou de l'Empire,* & ne s'estend le priuilege *des choses Royales & abso-*

C

luës aux petits Princes, desquels les souverainetez dependent entierement des Couronnes Imperiales ou Royales, pourquoy ils se puissent, à cause de leurs petites principautez & souverainetez attribuer le pouuoir de battre monnoyes.

Les Venitiens de l'Empire de Conrad premier, & les Geneuois & pisens de l'Empire de Conrad second Empereurs, *obtindrent pouuoir de battre & frapper monnoye d'or & d'argent*, les premiers en l'an neuf cens & quinze, les derniers en l'an mil treize, & n'y a point de doubte que par la decadence de l'Empire Romain, auarice & nóchalance des Empereurs & subiects de l'Empire, *Plusieurs Princes d'Italie & d'Allemagne ont vsurpé ce droict qu'ils remirent depuis & quitterent à l'Empereur Federicq premier,* lequel & pour la bonne intelligence & amityé qu'il portoit au Pape Lucius troisiesme natif de Lucques, *octroya au Lucquoys que leur monnoye auroit cours par toute la Toscane:* mais depuis, & de l'Empire de Rudolphe Prince auaricieux, ayant pour Chancelier Pimzomella de Fiesque Geneuois, enuiron l'an mil deux cens huictante sept, *furent vendus aux communautez des villes Imperiales d'Italie* les droicts que les Empereurs auoient sur leurs personnes & biens, mesme le Pape Honorius quatriesme, moyenna exemption de pareils droicts aux terres de l'Eglise subiectes à l'Empire depuis Charles quatriesme Empereur, qui regnoit environ l'an mil trois cens quarante sept, & qui est celuy des Empereurs *qui a le plus diminué les droicts de l'Empire*, & lequel pour certaines considerations *peu equitables*, permit *aux Eslecteurs, tant Ecclesiasticques que Seculiers*, faire *battre monnoye d'or & d'argent és terres de leurs obeyssances*: mais tels octrois & concessions n'estoient que conditionnelles pour faire battre & frapper *bonne & loyale monnoye*, & par les loix & constitutions Imperiales, Tels Seigneurs sont tenus rendre raison de l'empirance & alteration des monnoyes qu'ils font fabriquer en la chambre & diettes de l'Empire.

De ces temps tous *les Princes, Communautez, & Republiques, d'Italie, & Allemagne, commencerent à frapper en toute liberté monnoye d'or*, qu'ils faisoient lors meilleure qu'ils ne font à present, & seroit difficile leur retrancher tel pouuoir, & mettre en pratique la loy & constitution des Empereurs VALENS, THEODOSE, & ARCADIVS, lesquels *ne voulurent tel pou-*

C ij

voir obtenu d'eux auoir lieu.

Quand aux priuileges que plusieurs *Princes & Seigneurs, tant Ecclesiastiques que Seculiers pourroient pretendre d'auoir droict de battre & frapper monnoye dedans & és enuirons du Royaume de France*, dés le regne de Philippes cinquiesme Roy de France & de Nauarre, François premier, & Henry second, furent tous *reuocquez, &* ordonné *qu'en France* n'y auroit qu'vne *espece de monnoye, vn poids & vne mesure, laquelle monnoye tant d'or que d'argent seroit mise à prix si esgal, que l'or achepteroit l'argent, & l'argent l'or*, ce qu'ayant esté par nous humblement & fidellement remonstré à ce grand Henry en l'an mil six cens neuf, & que les Roys d'Espagne & Angleterre, & toutes les Principautez bien reglées en vsoient, ainsi auroit iugé telle reduction & eualuation profitable à ces finances & au public du Royaume: mais il ne peut parfaire & accomplir la reformation necessaire pour le bien de ses estats preuenu de mort, contre l'esperance de tous ces bons fidelles & loyaux subjects, & semble qu'il reseruoit ce reglement à faire au Roy son fils, à present regnant, & ainsi que nous l'auons cy-deuant representé.

Lesquels desordres ne peuuent cesser que par *vn pied nouueau de monnoye d'or & argent le marc mieux employé*, les especes plus fortes en poids qu'en l'Edict de l'an 1577. sans qu'vne espece vaille plus ny moins que son change, & iusques à la moindre piece de quinze deniers tournois, que l'autheur *remet à la censure de Messieurs des Monnoyes, comme les mieux entendus, & toutes autres personnes ayants parfaicte cognoissance au faict des metaux & monnoyes.*

Pour à quoy paruenir, & rendre la ferme des monnoyes, qui est vn droict Royal & domanial, le premier & plus ancien de la Couronne, l'vne des meilleures du Royaume, sans foule ny aucune exaction sur le peuple, & faire monnoye meilleure que celles qui ont cours & introduites en l'an mil cinq cens septante sept, semble estre à propos, & soubs le bon plaisir du Roy & Nosseigneurs de son Conseil.

Reunir les charges & offices des Changeurs *aux Maistrises des Monnoyes*, à la charge de rembourser les Changeurs receus, *pour en prendre le remboursement en six années consecutiues & suiuantes sur le prix desdictes fermes.*

Interdire le cours de toutes monnoyes

C iij

estrangeres d'or, argent, billon, & cuiure, & celles du Royaume legeres & rongnées, demeurant neantmoins l'escu sol du poids de deux deniers quinze grains tresbuchant *à trois liures quinze sols*, & les especes d'argent de France *de leurs poids à leurs prix accoustumez*.

Deffendre pour tousiours le restablissement de la fabriquation des monnoyes de billon, pour quelque occasion ou pretexte quel qu'il puisse estre coloré, *comme cause principale & efficiente des premiers desordres & surhauffement de la bonne & forte monnoye, & n'admette le cours & mises d'aucune espece de monnoye estrangere*.

Retrancher l'excez & grand vsage des vaisselles d'or & argent, & ne permettre aux Orfebures de faire ouurages d'or excedant deux onces, & d'argent excedant trois marcs, sans congé verifié en la Cour des Monnoyes.

Eualuer le marc d'or *de 24. carats 252. liur.*

Reduire le marc d'argent *de 12. deniers de fin à 21. liures*, qui est moins que le prix de l'ordonnance six cens deux, de trois sols pour marc.

Sur ce prix battre monnoye d'or de loy à vingt-trois carats au remede d'vn huictiefme de carat à la taille de quatre vingts quatre pieces au marc.

La piece du poids de deux deniers six grains trois quarts de grain au remede de deux felins qui aura cours pour 3. liures.

Et qui voudra fur ce tiltre battre monnoye de 4. liures au remede fufdit, tant en poids qu'en loy, la piece fera du poids de 3. deniers 1. grain, à la taille de foixante & trois pieces au marc.

La traicte pour marc d'œuure fera 10. liures 10. fols.

Monnoye d'argent de loy à 11. deniers 12. grains, au remede d'vn grain fin pour marc, à la taille de 21. denier au remede d'vn huictiefme.

La piece du poids de 8. den. 22. grains tresbuchant, qui aura cours pour 20. fols, & s'en pourra fabriquer de 10. & 5. fols, 2. fols 6. deniers, & de 15. deniers.

La traicte pour marc d'argent fera 17. fols 6. deniers.

Le tiltre de ces deux efpeces de monnoyes d'or & argent pourra fembler difficile à trouuer, pour y auoir en l'Europe peu de matieres d'or & argent de fi haute loy, neantmoins il fe deuroit ainfi faire pour l'ornement & enrichiffement du

Royaume, & ainsi en vsoient les Roys du temps & auparauant & depuis le regne de Sainct Louys, & l'Empereur, le Turc, les Roys de Barbarie, & les Venitiens en vsent ainsi en leurs ducats & cequins, approchant le fin de leurs monnoyes d'or de 24. carats, & les bons Princes d'Italie qui ayment la grandeur de leurs estats & richesses de leurs peuples, Florence, Venise & Genne, mesme le Roy d'Espagne à Milan frappent monnoye d'argent de loy à 11. deniers 8. & 10. grains, & les termes de l'ancienne loy de France estoient.

Que l'on face monnoye d'or à 23. carats, & rendra l'on au Marchand d'vn marc d'or fin vn marc d'or ouuré & monnoyé à ladite loy.

Qui estoit de traicte vn carat d'or, & la vingt-quatriesme partie du marc.

Et ainsi en vsoit-on en la monnoye d'argent, & du marc d'argent fin de douze deniers de loy, l'on rendoit au marchand vn marc ouuré & monnoyé de loy à 11. deniers 12. grains, & le nom d'argent, le Roy *a pris de là sa source & son origine, & les Roys de France* faisoient battre leurs monnoyes à ce tiltre, & encore à present les *estats des Maistres des Monnoyes, & le prix de l'argent* l'argent est sur ce pied, & les Orfebures trauaillent en leurs ouurages à ce tiltre, & s'il estoit ainsi ordonné les Maistres & fermiers des monnoyes, ainsi que les Orfebures en sçauroient bien trouuer.

La traicte du marc d'or estoit lors la 24. partie du fin, & sur l'argent 12. grains de fin, qui est aussi la 24. partie du marc d'argent, & la 12. partie de la valeur de la traicte du marc d'or.

Ces prix, pied, forme, traicte & taille de monnoye est *l'aduis que nous presentons humblement au Roy*, comme tres-vtile au Royaume, d'autant que plus la matiere de la monnoye est fine & precieuse, moins elle est subjecte à faulseté; outre que la monnoye où est l'effigie du Roy est plus difficile à imiter que de simples poinçons par les faux-monnoyeurs, & plus venerable qui fera recognoistre sa Majesté en ces monnoyes par ses subjects, & par les estrangers qui seront tres-aises de voir en l'image du Roy *les actes memorables du plus grand Roy de la terre, le Roy des Roys, & tres-grand Capitaine des Roys. Henry le Grand, son pere inuincible & inimitable en foy & en misericorde.*

Plusieurs proposent en ce desordre des

D

monnoyes qu'il conuient suiure & imiter *le Roy d'Espagne au prix qu'il donne à ces matieres d'or, & oublient à dire ce rendre ces subiects ou esclaues*, pour auoir par son Edict du moys de Nouembre six cens neuf, donné & abandonné *treize marcs & vn tiers de marc d'argent de loy à vnze deniers deux grains trois quarts de grain*, selon le rapport des essais faicts en France de tout temps & recentement, ou selon la loy d'Espagne à *vnze deniers quatre grains*.

Proposition & imitation tres-pernicieuse *qui n'est à suiure, & qui limiteroit & suiuroit seroit semblable à vn bon nageur*, qui voyant son ennemy precipité en vn abisme dont il sçauroit bien luy estre impossible s'en retirer, volontairement s'y jetteroit pour ce rire & mocquer de la fortune d'autruy, d'autant que sans les desordres suruenus en France, tant au faict des monnoyes, que preparatifs d'vne guerre ciuile, que la Royne, par sa prudence & bon-heur en la memoire du Roy à sçeu esteindre, *l'Espagne auroit eu plus d'or que n'en eut iamais Midas par souhait, & n'auroit moins esté affligée de faim que ce Roy auaricieux*, duquel les viandes, le lict, & tout ce qu'il touchoit se conuertissoit en or, & par ceste abondance d'or, l'on luy auroit enleué toutes ces richesses d'argent & de ses subjects, à l'occasion de l'abandon qu'il en a faict par cest Edict, sans esperance de le pouuoir jamais recouurer.

Pour ne produire l'Espagne aucuns fruicts necessaires à la France, sinon qu'il change le naturel de ses terres, & de steriles les rende fertiles, ou ses subjects genereux & vaillans à la guerre pour combatre les plus foibles, peu actifs au labourage pour semer & despouïller les fruicts necessaires à la vie sur leurs terres *nitreuses, & aussi peu propres à produire fruicts, que la mer à faire bon sel, plus apte à pourrir qu'à conseruer les viandes necessaires à l'entretenement de toutes creatures.*

Et ne faut point douter que pour conseruer l'argent nouueau qui luy viendra des Indes, il sera contrainct reuenir au restablissement de son Edict du mois de Ianuier 1588. & à la proportiō qu'il tenoit lors pour conseruer ce qui luy viendra des Indes, & d'autant que par la mesme conduite des Indes il luy vient grand nombre de grosses perles & diamens rares & precieux, dont les Dames de France sont trop curieuses, plus par vanité que par

D ij

raison, & par telle varieté & dommageable luxe, l'Espagne *pourroit beaucoup retirer d'or & d'argent du Royaume*, vn Edict de reformation fermera la porte à ce moyen par prudente police d'interdition & vsage des perles & diamens, à la conseruation des biens de plusieurs grandes, mediocres & petites familles du Royaume aussi ambitieuses les vnes que les autres.

Autres proposent que l'interdition des monnoyes estrangeres apportera quelque trouble au commerce, n'admettant les monnoyes d'Espagne: mais qu'ils considerent que le negoce ne consiste point en l'argent n'y en l'or seulement, il est bien le mur mottoyen, & sert de supplément, ou l'vn des deux negotiant n'a dequoy suppléer à ce qui deffaut au commerce des marchandises, *& conuient croire que l'or & argent monnoyé n'est point marchandise*: & quand le Marchand François porte ces marchandises en Espagne ou ailleurs, dont il est payé comptât, il ne luy est point defendu de remplacer l'argent qu'il a receu en autre marchandise necessaire à la France, si le Marchand replique que le propre du François est de plus vendre que d'achepter en Espagne, qui produit peu de marchandises necessaires à la France: mais que le propre du Marchand est de faire negoce & marchandise *de la monnoye d'or & argent d'Espagne, cessant lequel negoce de billonnement il recevra perte*, d'autant qu'il esperoit, comme vn Marchand fournisseur de sel aux Gabelles, porter son or & argent monnoyé & à monnoyer aux entrepots & bureaux des monnoyes d'Auignon, Carpentras, Chambery, Thurin, Lorraine, Metz, Frize, au Liege, Charteuille, Raucourt, Sedam, à l'Archiduc, & aux Estats de Flandre, pour y meslant vn tiers ou vn quart de cuiure qui prend la couleur de l'or auec l'or, & d'argent auec l'argent, ou en Angleterre, qui taille le chelin plus foible de poids que la reale d'vn quinziesme, & que la monnoye de France, pour puis apres les venir debiter premierement en cachette, puis apres en toute liberté dans la France par vn desmesuré larcin, tromperie de tous les biens des François, & de tous les ordres.

Et est vne chose monstrueuse de voir en France toutes les monnoyes estrangeres moindres en poids & bonté que celle de France s'exposer à plus haut prix que ce pourquoy elles sont fabriquées dans les Royaumes, Principautez ou Seigneuries d'où elles viennent, que si c'est de ce negoce que l'on entend parler, il disent verité.

Mais que l'on considere s'il est necessaire de l'entretenir & en tollerer l'vsage, dans lequel se recognoist comme en vn tableau vn voleur, billonneur & affronteur du peuple, le mestier desquels affronteurs, billonneurs, ne se peut chastrer que par ce seul remede de n'admettre la monnoye estrangere, ny celle du Royaume legere & rongnée apres l'interdiction & vsage desquelles monnoyes, & faisant obseruer l'Edict qui interuiendra en la forme qui sera en temps & lieu bien representée, n'est à craindre la discontinuation de ce negoce.

Pour lequel l'Espagnol, l'Anglois, le Flamand, & tous les peuples circonuoisins du Royaume ne lairront de continuer le commerce, ne pouuant viure sans la France, le negoce des marchandises en Espagne, Angleterre, & Flandre, ne leur est point deffendu, les portes & entrée du Royaume, soit par mer ou par terre leur sont tousiours ouuertes, & trop, pour ce qui eſt du luxe, & s'ils ne trouuent marchandiſes propres pour le Royaume, ils ont vn aduantageux gain d'vn ſezieſme ſur vn marc d'argent que le Roy par ces ordonnances leur attribuë méſme au pardeſſus la traicte que le Roy d'Eſpagne prend en ces monnoyes, & à preſent ont encore vn autre profit d'vn douzieſme & d'vn tiers de douzieſme de marc à qui portera de l'or en Eſpagne ou viures neceſſaires.

Negoce que l'on ne peut empeſcher, ſinon à qui voudra abandonner ſon argent, & imitant le Roy d'Eſpagne, l'on verra incontinent toute la France remplie d'or, deſnuée d'argent & de l'abondance de ſes viures, & n'eſt à croire qu'on le puiſſe empeſcher, quand les deux mers du coſté d'Eſpagne & des monts Pirenées, depuis Bayonne iuſqu'à Locate, & la mer iuſques aux etremitez de Barbarie, & toutes les entrées du Royaume, tant par mer que par terre du coſté d'Angleterre ſeroient bordez de vaiſſeaux de Soldats ou de Gardes ne ſçauroient empeſcher que l'or n'entre en France ou en Eſpagne ou l'argent ſeroit ainſi abandonné, ny que l'argent en ſorte, non que l'on leur donne l'or: mais estant ainsi l'argent abandonné la France ce trouuerra tellement remplie d'or, dont l'on ne s'ayde si commodement que d'argent, que pour en retirer & recouurir l'on sera contrainct auec perte egale à celle que l'on aura fait rechercher l'argent: Et de deux Principautez ou Seigneuries qui sont egalement riches, *celuy qui a autant d'argēt que l'autre a d'or vaillant est* plus cōmodement riche que celuy *qui a l'or.*

Il n'y a point de doute que plusieurs s'entremettent à parler du faict des metaux & monnoyes, soit douant le Roy & Nosseigneurs de son Conseil, lesquels leur impriment des propositions peu veritables, asseurant à leurs Majestez, contre la teneur des ordonnances d'Espagne, (*bien policees & reiglees & estroitement obseruées*) que la pistole y vaut six liures dixhuict sols, bien que par la loy d'Espagne elles ne valent que vingt-six reales moins quatre marauedis, & le marc d'argent fin deux mil trois cens soixante & seize marauedis, & le tiltre du marc de reales deux mil deux cens dix marauedis, & le marc d'or de vingt-deux carats vingt-huict mil sept cens cinquante marauedis, qui est le marc d'argent du tiltre des reales

ne

ne valent que soixante & sept reales & vingt-deux carats huict cens quatre vingts reales simple de cinq solz en œuure, tellement que les billonneurs & ceux qui proposent ces aduis auparauant que sortir de l'Espagne, veulent que la pistole prenne le prix desmesuré de leur auarice deuant que d'auoir abordé la terre Françoise, & au mespris de ses loix.

Autres proposent le restablissement du compte à escus, bien que par toutes les loix de France anciennes & modernes ce compte aye esté iugé dommageable, & ce peut asseurement dire, que ceux qui veulent restablir ce compte n'ont entendu & n'entendent point les motifs, pourquoy la Cour des Monnoyes, qui est la plus capable à traicter du faict des metaux & monnoyes, à cy deuant donné son aduis du compte à liures, & recentement de l'exposition de l'escu sol à soixāte & quinze sols, & de la discōtinuation de la fabricatiō des pieces de dix solz & 8. den. & 16. sols, & leurs diminutions, par subrogation d'vne piece de monnoye appellée liure, & ses diminutions toutes solides, & le marc mieux employé qu'en la taille des mon-

E

noyes introduites en l'an cinq cens soixante & dixsept.

L'obseruation duquel pied empesche-
ra tout surhaussement, & qui le voudroit
introduire receuroit perte contre le natu-
re des changes, & les ouurages des monnoyes d'or & argent, iusques à la piece de
quinze deniers, du tiltre prix & forme pro-
posez se peuuẽt monnoyer, soit à l'ancienne forme ou au moulin, ou sur l'inuẽtion
proposé par Nicolas Briot, & au contraire
il est impossible de toute impossibilité de
mettre en pratique ce qui fut proposé au
Conseil deuãt leurs Majestez, d'ouurer vn
marc de doubles & deniers pour 3. sols dix
den. si ce n'est par des Feez qui viuent de
l'air, & se peut aussi aisément faire ce qu'ils
proposent, que de trouuer en vn marc
71. pieces du poids de deux deniers dixsept grains, & en ce que l'on allegue pour
raison de forsage de sept grains distraits
le marc entier se trouuera.

Celuy qui faict ceste proposition n'a peu
recognoistre que c'est vne fausse porte
pour desrober & receler les droits du Roy,
& biẽ à propos Annibal Arguoit ce Philo-
sophe qui luy vouloit enseigner l'art de la
guerre, & à bonne raison les Peintres

amandent leurs ouurages par la correction de chafque expert felon fon art, & de là eft venu le Prouerbe commun, que chafcun fe doit exercer en la vacation où il a efté releué & nourry : Le faict des monnoyes n'eft point apris ny par les Docteurs du Droict, Canon, ou Ciuil, il faut venir à l'œuure, il faut y eftre inftruict, & eftre long-temps difciple, & conuient parfaictement entendre l'Arithmetique, & traicter ceft affaire fur vn tapis par controlle de chafcune pofition de traicte, prix, taille, tiltre, remedes du poids, remedes de loy, & fur tout l'effect du feu, & en vn mot peftrir & repeftrir les metaux, les faffer & cribler, & leur ofter tout ce que la tromperie des mefchans apporte dans ces deux parfaicts & rares metaux, lefquels ne conuient confiderer par prudence humaine : mais par la Iuftice, tenant le fleau de la balance, & où l'vn des deux baffinets flechit & obeyt à l'autre, il y a infailliblement du trop ou du trop peu, celuy qui a propofé deuant fa Majefté cefte facilité d'ouurer à trois fols le marc d'œuure, a encore efcrit & prefenté au mefme Confeil de fa Majefté, que de cent quarts d'efcu ou piece de feize fols, il ne s'en trouueroit deux du poids de sept deniers douze grains que chascun prenne la balence, & soit iuge de son assertion, & iuge de là le reste de son œuure & aduis, & que qui frappera mōnoye à la taille, poix, fin, prix & alleage par luy posé, sera en croyāt remedier au mal presēt introduire vn nouueau subject de billōnement des monnoyes nouuelles, comme celuy des anciennes, & subject de surhausser l'or de France, par la monnoye de France, pour auoir cette espece de monnoye plus de fin & matière que son change d'argent.

Pour conseruer ces deux metaux en leur puretez, & en chasser le cuiure qui y est premierement meslé par le Roy d'Espagne, & à present par le Roy d'Angleterre: Et dauantage en l'or & en l'argent par des Seigneurs qui ce sont attribuez le pouuoir *de battre monnoyes d'or & d'argent qu'ils ont gasté & rendu billon conuient bien peser & considerer* toutes les propositions que l'on donne & presente au Roy & aux Estats *pour pouruoir à vn bon reiglement.*

Si ceux qui les presentent sont gens de bien regnicoles ou estrangers poussez d'affection & d'amour au bien public & de la patrie, s'ils entendent le faict des monnoyes, s'ils y sont releuez & nourris ouauec des billonneurs (plusieurs veulent aller à Corinthe & peu y arriuent.)

Et d'autant qu'au reglement que l'on propose faire des monnoyes, *s'il conuient suiure la plus grande & commune opinion*, & que par bien-seance *il conuienne imiter celuy qui est en vn violent torent, & se laisser mener à la force*, si ceste proposition de tiltre alleage, taille, poids & remedes ne sont agreables, & que l'on vise plustost à l'empirance & diminution du tiltre ancien en la monnoye d'or qui a tousiours esté de vingt-trois carats, & la reduire à vingt-deux, ce qui n'a esté que rarement faict & pratiqué.

Le marc d'or de vingt-quatre carats sera eualué deux cens cinquante deux liures.

Le marc d'argent de douze deniers de fin vingt-vne liure.

Sur ce pied pourra estre faicte monnoye d'or à vingt-deux carats au remede d'vn huictiesme de carat.

A la taille de quatre vingts pieces au remede de deux felins pour marc.

E iij

La piece du poids de deux deniers neuf grains & demy qui aura cours pour trois liures.

La traicte pour marc d'œuure sera neuf liures.

Et monnoye d'argent à vnze deniers de loy au remede d'vn grain fin pour marc.

A la taille de vingt deniers au remede d'vn huictiefme de piece.

La piece du poids de neuf deniers quatorze grains tresbuchant qui aura cours pour vingt fols.

La traicte sera pour marc d'œuure quinze fols.

L'introduction de ceste monnoye ou piece de vingt fols du poids de neuf deniers quatorze grains *sera monnoye plus forte que la piece & vn quart de piece de seize fols introduite en l'an cinq cens soixante dixsept, qui ne poisent que neuf deniers neuf grains, qui est cinq grains de renforcissement sur la piece de vingt fols de pareil tiltre que le quart d'escu, & auec beaucoup moins de remede en poids & en loy au marc & à la piece*, & s'en pourra faire des diminutions *iusques à la piece de quinze deniers, plustost que de restablir l'vsage du billon.*

Et si les nombres rompus n'estoient

tant desagreables & incommodes au compte, il seroit à propos pour instruire le public de la tromperie, volerie & larcin du Marchand billonneur faire monnoye *de trois liures dix sols de loy à vingt deux carats.*

A la taille de soixante huict pieces quatre septiesme de piece au marc au remede de deux felins.

La piece du poids de deux deniers dixneuf grains tresbuchant qui auroit cours pour trois liures dix sols.

La traicte pour marc d'or seroit neuf liures.

Qui considerera ceste taille, tiltre, poids, traicte, & en fera conference auec le pistolet d'Espagne qui est à deux deniers quinze grains, qui sont quatre grains d'or de foiblage & moins en la matiere du pistolet qu'en ceste nouuelle espece, lequel pistolet l'on veut exposer pour trois liures dix sols, *en ceste proposition l'on se doit arrester à la forme, qui est la marque du Prince, à la matiere qui est de pareil tiltre & en plus grande quantité*, consideration qui aduantagera le Roy d'Espagne, au preiudice du bien du Royaume d'vn sixiesme de tous ses biens & richesses annuelles & oserois dire que le mespris des richesses de la France luy sera autant aduantageuse ou plus que la flotte des Indes Orientales & Occidentales.

Ceste traicte de douze fois autant sur vn marc d'or en œuure que sur douze marcs d'argent, semblera de difficille digestion aux mal-entendus au faict des metaux & monnoyes, & leur conuient apprendre qu'il n'y a que ce seul & vnicque moyen pour arrester la cause du surhaussement des monnoyes du Royaume, par les reductions des pieds de monoyes d'or & d'argent cydeuant posez, & qu'ils considerent l'anathomye suiuante du tiltre, loy ou fin poids, pris, valleur, taille & les droicts de traicté que le Roy d'Espagne leue en ces monnoyes beaucoup plus grandes sur vn marc d'or que sur douze marcs d'argent.

La Realle d'Espagne depuis son introduction, qui fut en l'an 1435. de loy à vnze deniers quatre grains, valloit le marc deux mil deux cens dix marauedis & auoit cours pour trente quatre marauedis à la taille de soixante & sept pieces au marc, & estoit la traicte soixante huict marauedis ou deux realles.

Le pistolet d'Espagne de loy a vingt-deux carats à la taille de soixante huict deniers la piece de poids de *deux deniers quinze grains*, & auoit cours auparauāt l'an cinq cens septante six, pour trois cens cinquante marauedis.

La traicte estoit pour marc d'or neuf cens quatre vingt vnze marauedis, ou vingt-neuf realles cinq marauedis, qui estoit quatorze fois autant & plus sur vn marc d'or que sur vn marc d'argent.

En l'an mil cinq cens quatre vingts-huict, le prix du marc d'or fut augmenté d'vn *septiesme*, & *valloient vingt-deux carats vingt six mil cens douze marauedis*, & en œuure *vingt-sept mil deux cens marauedis*, ou trente deux realles, qui est *seize fois autant sur vn marc d'or que sur vn marc d'argent*.

Autre prix du marc d'or, selon l'augmentation faicte en l'an mil six cens neuf d'vn dixiesme, & vaut à present en Espagne marc d'or *de vingt-deux carats vingt-huict mil sept cens cinquante marauedis*, & en œuure *vingt-neuf mil neuf cens vingt marauedis*.

Qui est de traicte *mil cens soixante & dix marauedis, ou trente quatre realles quatorze marauedis*, qui vallent neuf liures huict sols vingt vn vingttroisiesme de denier.

Le lecteur considerera que toutes ces

F

eualuation sont faictes *sur le tiltre rapporté par les loix d'Espagne* & reduction du fin de l'argent *suiuant l'ordonnance mil six cens deux* & que le Roy d'Espagne taille moindre nombre d'espece au marc d'argent que au marc d'or d'vne piece.

Ces prix, formes, poids, tailles, alleages, traittes & braslages de cry des monnoyes d'or & argent estranger & celle du Royaume legeres & rongnez, reunion des changes aux maistrises des monoyes establis d'vn meilleur ordre que celuy dont on a vsé par le passé, *au desaduantage des billonneurs, aduancement des richesses du Royaume, bien establis en esgalle proportion de taille, il est du tout impossible surhausser vne espece par l'autre.*

Et d'autant qu'il se presente vn officier du Roy tailleur general des monnoyes, Nicolas Briot qui promet *tailler les monnoyes en toutes parfaicte rotõdité à moins de frais qu'au marteau & au molin, & de pareil perfection & comme au molin* rendre les differẽs *du fermier, tailleur, lettres de la ville & le milesime entiers, sans pouuoir estre foullez, escachez, desguisez ny la monnoye* ettelee, il seroit à propos faire l'espreuue de son industrie & pour iuger de l'excellence de son ouurage faire pareil quantité d'ouurage au molin & au marteau, pour iuger lequel seroit à preferer par le Roy en la saison ou le scel & l'election des François, de toutes qualitez, regions & langues subiectes au Roy, sont à present assemblez à ce que tous contribuent à l'entretenement de l'Edict qui interuiendra de la reformation des monnoyes, & que les fruicts de la France plus vtiles & necessaires à la vie de l'homme que les thresors, richesses & vanitez des Indes, & que les biens & substances de la France ne soient plus payez en cuiure, comme ils ont esté en l'exposition des monnoyes estrangeres, toutes lesquelles specifiez en leurs nōs empliroient vn cayer.

Il n'y a point d'asseurance à autre monnoye, qui met le prix à toutes choses sinon à celle de son Prince, & du dommage receu par la France n'en faut point accuser le peuple, le laboureur, l'artisant, le Gentil-homme, ny les officiers de la Iustice, ce sont les marchands billonneurs & tous les autres ordres des marchands, qui se sont rendus trop faciles à la reception de telles especes, ayant suthaussé le prix de leurs marchandises, pour se garantir de perte qu'il souffriroient en l'Edict & reglement general des monnoyes.

F ij

Les fleurs de Lis, armes du Roy & du Royaume, qui sont les marques de la mõnoye leurs deuroient auoir esté en meilleur odeur que toutes les marques qui sont és monnoyes d'Auignon, Carpentras, Orange, Sauoye, du Comte Spinola, Ducs de Lorraine, de Flandre, de Metz, sur tous lesquels legitimement le peuple pourroit repeter sa perte, & sur les officiers ayans tous participé & faict proffit du dommage receu par le general & particulier du Royaume, & pour ne retomber en pareil incõuenient, n'admettre à l'aduenir les mõnoyes d'Espagne & Angleterre, ny autres estrangers, lesquels Roys d'Espagne & Angleterre n'admettent les monnoyes du Roy en leurs estats, que comme matiere, Encores qu'ils ne puissent se passer, l'vn des bleds, l'autre des vins de la France & autres commodités, & ainsi viuant sera rendu l'honneur que chacun doit au Roy & à sa patrie, & tant le general que le particulier exempts pour iamais de semblable perte, & qui voudra considerer la perte presente, & qui n'a que trop continué depuis douze ans, qui souloit vendre vn muid de bon bled soixante & douze liures en ce temps remportoit vingt-quatre escus, & à present n'en reçoit que dix-huict à l'aduantage des estrangeres desquels nous estimons *le peu beaucoup*, pourquoy l'or luy demeure & *la substance & tellemēt de nostre nourriture* sont enleués hors du Royaume sans en receuoir sa valleur de laquelle perte il est aisé de garantir la France, n'admettant que la monnoye du Roy, & les Espagnols recognoissant la bōté de l'escu sol estre meilleure que celuy de son Prince, qu'il sçait estre remply d'vn douziesme de cuiure, par debuoir d'obeyssance prefere la marque de son Prince à la bonté de l'or de France.

PRIVILEGE DV ROY.

LOVIS par la grace de Dieu Roy de France & de Nauarre, A nostre Preuost de Paris ou son Lieutenant, Salut, Nostre Amé FRANÇOIS IACQVIN Maistre Imprimeur & Libraire en nostre Vniuersité de Paris, nous à remonstré que ayant esté composé par Maistre NICOLAS DE COQVEREL nostre Conseiller & General en nostre Cour des Monnoyes l'Aduis qu'il nous donne du Seul & vnique moyen à nous presenté pour conseruer les richesses de nos subjets, & bannir à iamais de nos Royaumes, Principautez & Seigneuries, les faux monnoyeurs, rongneurs & billonneurs & ayant iceluy mis entre ses mains pour le faire imprimer, il auroit differé de ce faire sans auoir permission de nous, requerant humblement icelles, pour ce est il que nous auons permis & permettons audit exposant imprimer ledit traicté cy attaché soubs nostre contresel, iceluy vendre & distribuer par tout nostre Royaume, sans qu'autre que ledit exposant le puisse imprimer pendant six ans, à peine de confiscation & d'amende arbitraire & confiscation des exemplaires. Si vous mandons que du contenu en ces presentes vous faciez iouyr l. dit exposant, & icelles estre tenues leuës & signifiee en mettant en bref extraict à la fin ou au commencement desdits Aduis: CAR tel est nostre plaisir. DONNE' à Paris le deuxiesme de Decembre, l'an de grace mil six cens quatorze; & de nostre regne le cinquiesme.

Par le Conseil,

BRIGARD.

www.ingramcontent.com/pod-product-compliance
Lightning Source LLC
Chambersburg PA
CBHW070717050426
42451CB00008B/685